AF330627

LES
TROIS ALLIÉES

PAR ALFRED DIDIER

LYON

IMPRIMERIE ALF. LOUIS PERRIN ET MARINET

———————

1873

LES TROIS ALLIÉES

LES
TROIS ALLIEES

PAR ALFRED DIDIER

LYON

IMPRIMERIE ALF. LOUIS PERRIN ET MARINET

1873

LES TROIS ALLIÉES

Les terribles événements qui se sont accomplis en France, depuis près de trois ans, ont exalté l'ambition, démesurément grande déjà, des races allemandes. On a dit que l'avenir leur appartenait, que le sceptre des nations était en leur pouvoir et que l'Europe et le monde entier n'avaient plus qu'à demander des chaînes et à saluer César victorieux. Heureusement, l'orgueil d'un peuple est souvent rabaissé, et celui qui croit arriver à l'apogée de la gloire est quelquefois plus près de la roche Tarpéienne que du Capitole. Nous ne croyons pas, quant à nous, que le temps où les nations généreuses et civilisées avaient le premier rang soit passé : nous ne croyons pas à l'étoile brumeuse de la Prusse, et nous pensons encore que les races latines n'ont pas besoin de se creuser un asile au fond des catacombes.

D'un côté, chez les Germains, se trouvent, dit-on, l'amour de la famille et de la vertu, le sentiment du devoir, toutes les qualités, enfin, qui font les hommes grands devant Dieu; de l'autre, la frivolité, la corruption, les passions, enfin tout ce qui avilit ici-bas. Voilà ce qu'on croit dans la modeste Allemagne. Elle oublie que ce n'est pas Berlin qui a été le flambeau du monde; elle oublie que nos poètes, nos orateurs, nos historiens valent bien les siens, et que les races latines, enfin, ont reçu tous les dons de l'intelligence, de l'esprit et du cœur. Le soleil semble avoir pris en affection la France, l'Espagne et l'Italie. Dans ces trois contrées il verse à flots l'abondance. Ces trois pays privilégiés doivent être unis pour toujours, car ils ont les mêmes intérêts.

Qu'on le sache bien, l'Allemagne est égoïste: elle n'aime que l'Allemagne. Tout ce qui n'est pas elle ne doit pas vivre. Elle peut, pour arriver à ses fins, tenter de passer pour une puissance chevaleresque et amie, mais son caractère ne lui permet pas de se livrer à de pareils élans. Hors de la grande patrie allemande, pas de mérite, pas de vertu, pas de science, pas de gloire. Elle ne reconnaîtra aux autres peuples quelque valeur que lorsque ceux-ci auront bien voulu convenir que les frontières naturelles de l'empire germanique sont celles que le Créateur a mises à l'univers : alors seulement elle sera moins farouche. Mais, ce jour-là, il y aura dans l'humanité deux castes : les hommes libres et les esclaves. C'est pour que cette division par trop simplifiée de l'espèce humaine n'arrive jamais que tous ceux qui tiennent une plume doivent avertir leurs concitoyens et pousser le cri d'alarme.

De nos temps, le peuple le plus malheureux après la France, c'est bien l'Espagne. Et pourtant elle n'a pas été, comme nous, à la merci des Teutons et des Germains; elle n'a pas vu, comme nous, l'invasion, avec son cortége de tristesses et de douleurs; elle ne connaît pas, et nous espérons qu'elle ne connaîtra jamais la honte d'être à la merci d'un vainqueur étranger à tous les nobles sentiments, à la générosité, à la compassion, à la grandeur d'âme. Oui, l'Espagne a supporté beaucoup d'épreuves; mais celles que nous avons subies lui resteront inconnues.

Du fond de notre France abaissée par l'Allemagne, meurtrie par quelques-uns de ses indignes enfants, nous venons faire des vœux ardents pour que cette belle nation voisine, qui nous a montré tant de sympathies à toutes les époques, soit arrachée pour toujours aux dangers qui la menacent et aux malheurs qui s'obstinent à planer sur elle.

Il nous semble qu'en obéissant à cet entraînement de notre cœur, nous songeons seulement au bonheur et aux intérêts de la grande famille latine, qui ne doit pas mourir, quoi qu'en disent les ennemis orgueilleux de la vraie civilisation et du véritable progrès.

Qu'on nous pardonne, à l'heure où les destinées de notre pays ne sont pas encore fixées, à l'heure où tant de partis convoitent leur proie, c'est-à-dire le pouvoir, qu'on nous pardonne si, tournant nos yeux loin de la mère-patrie, nous venons adresser à l'Espagne un suprême appel.

Il serait puéril de remonter ici aux sources des races; nous n'avons plus besoin d'établir que la France, l'Espagne et l'Italie sont trois sœurs par le sang et par le cœur, et que la cause de l'une de ces nations est la cause des autres. Depuis longtemps et pour toujours, sans doute, la paix fraternelle a resserré encore nos liens avec l'Espagne. Quant à l'Italie, si prospère aujourd'hui sous le gouvernement de Victor-Emmanuel, le prince galant homme, nous nous souvenons qu'il fut un temps, pas bien éloigné, où nos drapeaux, réunis dans une même étreinte, marchaient contre un ennemi commun ; où la victoire vint consacrer les deux armées alliées et montrer que, le jour où les deux peuples sauront se comprendre, le sceptre du monde n'appartiendra à personne, pas même aux hobereaux prussiens.

Les ambitions des trois peuples qui doivent se donner éternellement la main ne sont pas, après tout, faites pour effrayer le monde.

Que veut la France ?

La mort de l'empereur Napoléon III n'a pas étouffé toutes les espérances qui germent dans le cœur de ses nombreux partisans. Il reste encore un jeune homme, qui profitera des leçons du passé et qui saura relever un nom bien longtemps glorieux et qu'une désastreuse journée n'a pu ternir. On se souvient, dans notre pays, non pas seulement de Sedan, où nous eûmes à lutter contre un ennemi mieux armé et plus nombreux, mais encore de la prospérité dont la nation a joui pendant près de vingt ans. Oui, l'Empire, on a beau le contester, a eu de beaux jours et qui laisseront de belles pages dans l'histoire.

Ces pages glorieuses, il n'est permis à personne de les déchirer, excepté peut-être aux radicaux, à ces ennemis de l'humanité, qui semblent créés et mis au monde pour mentir et mal faire.

Il serait souverainement injuste de juger l'Empire par la défaillance suprême de la dernière heure, par le malheur imprévu, par le désastre immérité.

Quel est le gouvernement qui n'a pas commis de fautes?

Celui qui semble ne recevoir d'inspiration que du Très-Haut, le gouvernement pontifical, n'a pas été exempt de ces faiblesses, qui sont presque la condamnation d'un régime.

Aux yeux de quelques-uns, c'est peut-être la République qui est ce gouvernement idéal, pur, divin.

Hélas! nous l'avons vue à l'œuvre, cette

déesse des peuples modernes : elle nous a appris tout ce qu'on pouvait savoir en fait de honte et de déceptions.

C'est elle qui, passant par toutes les félonies, par toutes les fautes, par toutes les *audaces*, aboutit au 18 Mars. Oui, tant que le peuple dont elle est le seul espoir, tant que le peuple souverain ne s'est pas payé le plaisir de Néron, tant qu'il n'a pas vu flamber une capitale allumée de ses propres mains, il lui semble qu'il ne connaît la liberté que par ouï-dire. Tant qu'il n'a pas déboulonné les colonnes, assassiné les otages, brûlé les maisons, supprimé les faux frères, il souffre horriblement des entraves qu'on met à sa sainte volonté.

C'est le jour où il faut payer les dettes, les impôts, les fautes, ce n'est que ce jour-là que le peuple se reprend à trouver que l'Empire, sous lequel il a bien travaillé, n'était pas un si détestable régime qu'il le pensait.

Quand Napoléon III est mort, plusieurs journaux se sont fait un devoir de dire un dernier mot des grandes choses accomplies sous son règne. Les feuilles qui aspirent au retour de la Commune ont seules parlé du coup d'État, comme si trois plébiscites ne l'avaient pas amnistié et même approuvé. Ah! si le coup d'État avait profité aux républicains, s'il avait supprimé ces monarchistes impurs, comme ils auraient été fiers de fêter son anniversaire ou d'exalter son souvenir!

Quant à nous, nous regrettons et ce monarque et ce temps. Napoléon ne sera froidement jugé que par la postérité; elle seule ignore les colères vivaces et les rancunes vibrantes.

En nous bornant à un examen purement politique de la conduite de Napoléon III, nous pouvons dire qu'il se distingua de deux de ses prédécesseurs par sa sollicitude à céder aux vœux de l'opinion publique, et parfois même à les devancer. Un des principaux organes de la presse de province a rendu cet hommage au souverain mort, et personne ne s'est inscrit en faux.

Encore une fois, il est certain que, sous l'Empire, tout a été faute et crime aux yeux des radicaux. Ne leur parlez pas du spectre bonapartiste! Il ferait, à sa seule apparition, évanouir toutes leurs espérances.

La France veut donc retrouver son prestige passé : il n'est pas étonnant qu'elle songe, pour cela, à ceux qui lui ont donné de si longues années de prospérité et qui peuvent les lui rendre.

Elle veut, en outre, prendre une revanche matérielle et morale.

La revanche matérielle, c'est la reprise de la Lorraine et de l'Alsace. Les Prussiens ont bien vu que l'on s'annexait le territoire, mais que l'on ne s'annexait pas les cœurs.

S'ils ont fait un *essai loyal* de l'esclavage sur nos compatriotes, ils doivent savoir désormais à quoi s'en tenir. C'est en vain qu'ils viennent invoquer une propriété antérieure et des droits prescrits : l'Alsace est française, et elle restera telle. Tous les soldats qui sont morts à Strasbourg seront vengés, et plus tôt que M. de Bismark ne pense.

La France ne fait pas preuve d'ambition en désirant reprendre son bien. On n'a qu'à lire son histoire pour s'assurer que, mainte et mainte fois, elle a dépensé son sang et son argent pour des causes qui n'étaient pas les siennes. Que lui importaient les épreuves au-devant desquelles elle courait? Il lui suffisait de savoir que ses guerriers défendaient une cause juste. Ce n'est pas elle qui dressait, après la bataille, un inventaire ; après avoir vaincu ses ennemis, ce n'est pas elle qui emportait les pendules, pour montrer au monde étonné qu'elle avait au plus haut degré l'esprit d'ordre et d'économie.

Aussi, elle est tombée généreuse et grande, et personne n'a eu le droit de l'insulter, tant son malheur a été noblement supporté.

Et maintenant, malgré toutes les blessures qu'elle a reçues, elle veut vivre, et elle vivra : car, aujourd'hui plus que jamais, Dieu le veut !

Examinons maintenant ce qui se passe en Italie.

Un homme a compris depuis longtemps que l'Italie devait être une grande nation. Certes, ce but paraissait difficile à atteindre, lorsqu'on songeait au royaume de Naples et surtout au pouvoir temporel de Sa Sainteté Pie IX.

Le royaume de Naples a vécu ce que vivent les roses.

Quant au pouvoir temporel de Pie IX, il a été plus difficile de l'anéantir.

On avait à se heurter contre des difficultés de toute sorte.

Depuis quelque temps, grâce à l'influence du parti des Jésuites, qui devient de jour en jour plus prépondérante et plus nuisible, la religion apostolique, catholique et romaine était horriblement ravalée. Si le Pape avait été difforme et qu'un fidèle l'eût osé constater, celui-ci eût été excommunié, et cela parce qu'il n'avait pas trouvé au chef de l'Église les proportions correctes et élégantes de l'Apollon du Belvédère. Si le Pape avait eu le malheur de prendre un rhume de cerveau (il y a des courants d'air à Rome), le chrétien qui eût osé avancer que le successeur de saint Pierre était enrhumé eût été un imposteur, c'est-à-dire un homme qui osait exprimer une opinion sincère et juste.

Ce n'est pas nous qui viendrons diminuer en rien le prestige de cette noble religion, qui est la sauvegarde de tous les principes et de toutes les vertus. Nous croyons à ce qu'elle enseigne, et les doctrines qu'elle émet sont pour nous respectables et saintes, à la condition qu'elles ne seront pas des piéges à l'aide desquels l'ultramontanisme voudra nous prendre.

La papauté est à nos yeux la plus sublime et la plus vénérable institution. Nous croyons qu'elle remonte au Christ et qu'elle existe pour le bien des hommes, qu'elle ramène au droit chemin.

Les rois, les princes, les fonctionnaires de toute sorte abusent souvent de leur pouvoir; ils oublient que tout ce qui commande ici-bas a une mission à remplir. Eh bien! cette mission est plus noble encore lorsqu'elle incombe à un serviteur de Dieu, à un ministre chrétien, au Pape. Comme les rois, il a ses courtisans et ses flatteurs; et, le jour où il oublie de s'inspirer de Dieu seul et de puiser aux seules sources de sa conscience, cet homme, qui commande aux autres, tombe dans l'erreur, et il court plus vite que tout autre aux abîmes dont parle l'Écriture.

Aujourd'hui même, le clergé français, qui

n'est pas suspect, car ses vertus et ses lumières le mettent au-dessus de tout soupçon, est divisé. Quelques prélats, et ce sont les *moins éclairés*, croient de leur devoir ou de leur intérêt de suivre le Pape dans la voie dangereuse où ses conseillers l'entraînent : ces membres du haut clergé trouvent qu'il est nécessaire, en plein dix-neuvième siècle, d'établir l'infaillibilité du souverain pontife et de faire ainsi surgir des armées d'hérésiarques et d'infidèles.

Les autres, plus raisonnables, se taisent devant cet empiètement de l'orgueil sur la raison. Un certain nombre, enfin, proteste, et le résultat de cette insurrection morale peut causer un grand tort à des principes qui ne devraient pas être discutés, et cela par la raison toute simple que les *insurgés*, c'est-à-dire les *protestants*, ont des antécédents et une situation qui sont une garantie vis-à-vis de la société.

Il sera donc écrit que, au lieu de marcher vers l'idéal, notre pauvre humanité sera forcée de reculer tous les jours.

Quoi! les Bossuet, les Bourdaloue, les Massillon, tous ces pères de l'Église moderne, ne sont plus capables de comprendre les pouvoirs de la papauté! Tous les Papes eux-mêmes qui se sont succédé n'ont été que des pontifes incomplets, à qui Dieu n'a pas voulu donner la suprême science, qui serait l'héritage de Pie IX seul! Quoi! tous les princes de l'Église, tous les saints, qui ont été les phares des époques troublées, n'ont été que des profanes, incapables de trouver dans leur conscience les vraies formules de la religion et le vrai sens des dogmes! Nous ne pouvons croire à cela.

Au XIXᵉ siècle, lorsque la libre-pensée semble vouloir envahir les foules délaissées, lorsque l'esprit d'indépendance stupide s'empare des masses, il serait véritablement dangereux d'accroître ce que l'on a autrefois appelé « le diocèse de Sainte-Beuve », c'est-à-dire le nombre déjà incalculable des athées, des imbéciles et des brutes.

Il appartient à celui qui a l'honneur insigne d'être le chef de l'Église, à celui qui s'intitule le serviteur des serviteurs de Dieu, de songer aux conséquences de l'ultramontanisme.

La foi religieuse court déjà assez de dangers sans qu'on les accroisse pour des motifs qui sont au-dessous d'une telle cause. Le Saint-

Père n'a pas su s'affranchir de l'influence per-
nicieuse des Jésuites, qui ont étouffé chez lui
des élans magnanimes dont la religion catholique eût certainement profité. Ces courtisans
du chef de la chrétienté se sont fort peu occu-
pés du triomphe de l'idée du Christ. Ils ont
voulu régner, ils ont voulu dominer le monde,
et ils ont imposé leur volonté de fer au Pape
lui-même. Les plus grands ennemis de la religion sont ceux qui sont à la tête de l'Église,
qui, loin de comprendre la hauteur de leur
mission, se laissent aller à des rêves de gloire
humaine et de pouvoir temporel.

Que Pie IX reste le chef de l'Église, cela
suffit au monde chrétien! Ne sommes-nous
pas, comme par le passé, fidèles à la doctrine
qui a été celle de tant de Papes, grands par le
cœur et par la foi? Ne sommes-nous pas à ses
pieds, comme par le passé? Et lorsque, inter-
prète de Dieu, il parle, ne sommes-nous pas
attentifs à cette parole sainte, comme les che-
valiers du moyen-âge, comme les premiers
chrétiens, comme tous ceux qui croient?

Quand on a sur la tête une couronne immortelle, quand on est le Pape, quand on parle

au monde un langage toujours respectueusement écouté, qu'a-t-on besoin de songer à
posséder l'autorité d'un préfet et de vouloir
commander en prince choisi, incontesté, à
quelques milliers de Romains?

Un prêtre célèbre parla longtemps, il y a
quelques années, sur l'union nécessaire du
prêtre et du peuple, de la religion et de la
liberté. Cet orateur chrétien, dont personne
n'a suspecté les croyances et la foi, semblait
révéler à l'Église nouvelle, c'est-à-dire à ses
maîtres d'aujourd'hui, une politique plus saine,
plus noble, plus chrétienne. On l'écoutait,
plongé dans le ravissement : car non-seulement
il parlait au cœur, mais encore à l'esprit. Celui-
là ne sentait pas le besoin d'étouffer les lumières de la raison : il croyait fermement,
comme saint Bernard, comme Fénelon, et
cependant il osait parler de liberté.

Quoi qu'en disent quelques énergumènes,
l'Italie veut croire : mais ce qu'elle veut aussi,
et c'est son droit comme son devoir, c'est la
liberté. Elle a voulu devenir une grande nation; elle a senti qu'une ambition aussi noble
que la sienne ne devait pas avoir d'entraves :

et aujourd'hui elle est en train de réaliser son beau rêve. Que les Jésuites tombent sous la réprobation universelle, que leur puissance occulte s'évanouisse, et bientôt le monde restera ébloui devant le progrès de la nation du Dante.

Quel est donc le pouvoir, au monde, capable d'empêcher un peuple de grandir et de prospérer, quand ce peuple travaille, quand ce peuple lutte, quand ce peuple s'unit? Oui, l'unité de l'Italie, qui va s'accomplir, ne porte aucun ombrage à la France. Nous voyons avec une joie véritable nos voisins comprendre leurs intérêts et secouer le joug odieux de quelques prêtres mal intentionnés.

Une page immortelle est réservée, dans l'histoire, à ce prince glorieux qui a su réaliser ce que, il y a vingt ans encore, on prenait pour une chimère, à Victor-Emmanuel, roi d'Italie. Tous ceux qui l'ont secondé dans cette noble tâche ont droit à la reconnaissance de la nation entière, et Dieu bénira tous ces citoyens qui ont fait leur devoir et, malgré d'impuissantes menaces et des malédictions de mauvais aloi, combattu le grand combat.

Oui, Dieu bénira l'Italie, comme il bénit une famille qui s'accroît et qui prospère, en travaillant sans cesse à atteindre le progrès et à suivre ainsi les lois divines.

Nous avons appris, en France, à connaître cette maison de Savoie, qui a fourni tant de nobles cœurs. En entrant à la cour de France, la princesse Clotilde, femme du prince Napoléon, fut reçue avec tous les égards que l'on devait à son rang et à son nom. Dernièrement, à la suite d'un acte qui a été fort blâmé, lorsqu'elle nous a quittés pour quelque temps, on a vu les journaux, pour la première fois d'accord, s'essayer tous à chanter les louanges de cette noble princesse, dont le nom est synonyme de vertu. Il est beau de voir les grands donner l'exemple de toutes les qualités, et ce n'est pas nous qui oublierions ici de rendre hommage à cette femme d'élite, qui ne se souvient de sa haute position que pour faire le bien !

En parlant de l'Italie, nous ne pouvions refuser à la princesse un tribut d'éloges et de respect ; c'est elle qui, aujourd'hui, alliée à la famille impériale de France et fille du roi d'Italie, sert de trait d'union à deux nations qui doivent rester éternellement amies et ne point oublier leur origine commune.

La Providence, qui récompense tôt ou tard les vertus, réserve peut-être à la princesse Clotilde un superbe avenir.

La mort de Napoléon III, à qui les Italiens reconnaissants ont fait, en plein Parlement, une magnifique oraison funèbre, a divisé le parti bonapartiste en deux camps. Quelques partisans de l'Empereur veulent que, guidé par l'Impératrice et M. Rouher jusqu'à sa majorité, le Prince impérial se prépare à devenir le chef de la dynastie. D'autres prétendent que le prince Napoléon ralliera une foule d'amis et de partisans. Nous n'avons pas à juger ici laquelle de ces deux hypothèses est la meilleure, ni quel est, de ces deux noms, celui qui sera le plus heureux.

Nous n'avons qu'une chose à dire, c'est que nous voulons l'ordre et le repos, la sécurité et la prospérité de la France, et qu'une faute, serait-elle immense comme celle de Sedan, n'est pas irréparable. Nous pensons, comme la plus grande partie du parti conservateur, que la France, avec les républicains qui menacent d'arriver au pouvoir, avec le triomphe des couches sociales, avec le succès de tous ceux qui ne travaillent pas, avec tous les démagogues enfin, ne peut que s'aliéner les autres nations. Déjà, la formule de *République française* effraie toutes les puissances que leurs sympathies attirent vers nous. Au point de vue politique et patriotique, il nous semble que nous n'aurions rien à perdre et que nous aurions tout à gagner en abandonnant cette chimère qui consiste à croire que les athées, les libres-penseurs, les communards et les pétroleurs doivent faire un jour le bonheur de la France.

Mais, objectera-t-on peut-être, ne reste-t-il pas les d'Orléans, avec leur passé plein de promesses? Oui, ils restent et ils resteront. Ils ont beau faire et beau dire, ils n'arriveront pas à la popularité. Ils ont pour partisans quelques rares bonnetiers de la rue Saint-Denis, qui ont fait leur fortune sous Louis-Philippe; mais les bonnetiers de la rue Saint-Denis, seraient-ils enrichis, ne suffisent pas pour relever une dynastie perdue. Et puis, il y a, de ce côté, beaucoup trop de prétendants : le prince A..., le duc B..., le comte C..., etc. Tous ces messieurs voudraient une couronne : la France est trop bonne pour se permettre de mécontenter les premiers au profit des seconds ou les seconds au profit des premiers, et voilà pourquoi ils n'ont pas plus de chances de monter sur le trône de Louis-Philippe que M. Ernest Picard n'en a de devenir vice-roi d'Égypte.

Il reste encore le comte de Chambord, un très-brave homme. Hélas! l'avènement de ce prince est un beau rêve de ses fidèles sujets. Il ne faudrait pas pourtant effacer en un jour l'histoire d'un siècle. Il y a bien longtemps que le droit divin est mort : n'a-t-il pas, d'ailleurs, pour tombeau le vaste cœur de M. Batbie?

Pour que le comte de Chambord ait quelques chances, il ne faudrait pas seulement qu'il fît une concession de couleur d'étoffe (bien qu'il ait promis de n'en pas faire), il faudrait qu'il cessât d'être lui-même, c'est-à-dire le représentant des vieux préjugés, le représentant de la noblesse hautaine et fière, des ducs intraitables, des marquis altiers du faubourg Saint-Germain. Il faudrait encore (et cela lui serait impossible) que ce prince infortuné renonçât à croire que la cause de la France est la même que celle du Pape. Depuis quelque temps, le haut clergé est devenu si intolérant qu'il effraye les masses, et, par un siècle de suffrage universel, il ne faut pas répandre l'effroi dans les foules.

Certes, ce n'est pas nous qui contesterons la loyauté du chef des légitimistes français. Cette loyauté, malheureusement pour lui, n'est pas... de notre époque : or, il faut être de son époque, a dit un sage de nos jours.

A coup sûr, ce n'est pas le comte de Chambord qui allumerait en France la guerre civile ; ce n'est pas lui qui prêcherait l'insoumission aux lois, comme, naguère et trop souvent, Don Carlos en Espagne. S'il est destiné à rester éternellement roi *in partibus*, du moins, il ne fait aucun mal à son pays, et ne vole pas, ne réquisitionne pas, ne tue pas au nom du droit divin. Nous sommes favorisés sur ce point.

Qu'on nous pardonne si, à propos de l'Italie, nous avons fait une aussi longue digression.

Nous allons à l'aventure, parlant de nos amis et de nos ennemis; et, chaque fois que nous en trouvons l'occasion, nous donnons ou une couronne ou une flétrissure. Tant pis pour Don Carlos et ses partisans de grand chemin, mais nous ne pouvons pas lui accorder la couronne.

Nous nous occuperons maintenant de l'Espagne, si malheureuse par la faute de cet aspirant perpétuel à des dignités qu'il n'aura jamais.

L'Espagne est un de ces pays favorisés qui ne devraient être habités que par le bonheur. Mais les peuples ne se font pas toujours leurs destinées. Cette brave nation espagnole, faite pour aimer et chanter, laisse, depuis trop long-temps, hélas! les chansons et les guitares : et cela par la faute de quelques ambitieux, plus résolus à mettre leur pays à feu et à sang qu'à abandonner leurs folles chimères.

Nous aussi, en France, nous avons eu de ces patriotes ardents, de ces soldats du droit et de l'idée. Ils avaient choisi pour chefs tous ceux qui leur paraissaient capables de se battre *radicalement*, c'est-à-dire sans merci. Eh bien! ces citoyens qui brûlaient les monuments et assassinaient les prêtres n'ont-ils pas quelque chose de commun avec les Carlistes?

Ne procèdent-ils pas de la même manière?

Si les uns rêvent la République universelle, s'ils veulent être citoyens du monde, les autres aspirent à gouverner aussi. Mais ce n'est pas ainsi, heureusement, que le triomphe s'opère, et Dieu est avec les causes justes et non pas avec les incendiaires et les détrousseurs de grand chemin.

Si nous écrivons cette brochure, c'est parce que nous pensons qu'il faut que la France, l'Italie et l'Espagne soient unies par la même politique et, par conséquent, par les mêmes aspirations. Oui, quand nous avons vu avec quelle cruauté les partisans, les soldats et les sectaires de Guillaume, empereur d'Allemagne, servaient la cause de vieillard ambitieux ; quand nous avons vu que, pour faire une guerre avantageuse et venir à bout de leurs ennemis, les Prussiens, les Bavarois, les Wurtembergeois et autres Allemands employaient tous les moyens possibles, et surtout ceux que le droit des gens réprouve et condamne, alors nous avons pensé qu'il n'y avait qu'une chose à faire, c'était de jeter le cri d'alarme et de s'adresser naturellement à ceux qui avaient intérêt à nous entendre.

C'est pour cela que nous supplions l'Italie de se souvenir des services que la France lui a rendus, par l'intermédiaire de son empereur Napoléon III; c'est pour cela, enfin, que nous souhaitons, de toutes les forces de notre âme, que le roi Amédée demeure à tout jamais roi de toutes les Espagnes, et évite, en maintenant le peuple espagnol dans la voie de l'honneur, l'arrivée intempestive et dangereuse d'un Hohenzollern quelconque. Nous allons, maintenant que nous avons dit quels étaient nos vœux et nos espérances, parler un peu des partis en Espagne, de leur attitude, de leurs ambitions et de leurs chefs.

Cela nous amènera naturellement à parler

des journaux qui sont les organes de ces partis, et de la presse espagnole, qui ne nous semble pas avoir suffisamment compris le rôle qu'elle avait à remplir et la mission qui lui incombait.

Il y a beaucoup de dangers à redouter d'une presse qui se donne au premier venu, varie complètement de tendances et de doctrines et marche au hasard, en pataugeant. Il faut qu'un journal soit, comme un homme, fixé sur ce qui est nécessaire à son pays, ou, du moins, sur le but auquel il veut destiner ses efforts.

La situation politique de la France et la situation politique de l'Espagne n'ont pas, aujourd'hui, une fort grande différence.

Lorsque, le 4 septembre, l'Empire, désorganisé par le désastre de Sedan, fut renversé par les députés de la gauche, la République ne fut pas proclamée notoirement; mais, comme il fallait une étiquette à un gouvernement, on donna celle de République française au gouvernement provisoire du 4 Septembre. Tout d'abord, les légitimistes, qui croyaient que l'heure avait sonné de restaurer le roi de leurs rêves, ne tardèrent pas à sortir de leurs châteaux ; d'un autre côté, les d'Orléans voulurent aussi avoir leur proie : mais, il était facile de le prévoir, toutes ces ambitions devaient être déçues.

D'abord, au moment où un implacable ennemi occupait le territoire français, il n'était pas l'heure de revendiquer des couronnes et de restaurer un trône. Une foule de gens, qui avaient été déroutés par les événements, se mirent à crier par-dessus les toits que la République ne pourrait jamais tenir en France ; que nos institutions étaient foncièrement monarchiques et qu'il était ridicule et surtout dangereux de tenter, après trois expériences avortées, encore un essai loyal de la République. Mais ces personnes qui, nous voulons bien le supposer, étaient de la plus parfaite bonne foi, avaient compté sans le concours d'un homme universel, de M. Thiers. Certes, nous comprenons parfaitement que les Gambetta, les Ferry et les Picard ne soient pas des hommes faits pour inspirer une grande confiance au pays ; et c'est parce que ces tribuns parvenus se trouvaient au pouvoir, que bien des gens craignaient, et avec raison, que de nombreux malheurs ne vinssent succéder à ceux que nous avions déjà subis. Ces gens-là ne se trompaient pas. Mais lorsque M. Thiers fut nommé représentant du peuple par un nombre respectable de départements; lorsqu'il fut choisi par ses pairs pour être le président de la République provisoire, alors la terreur sembla se calmer. Les Prussiens eux-mêmes, qui n'avaient pas confiance dans le gouvernement de l'incapa cité nationale, commencèrent à comprendre que des jours nouveaux se levaient pour la France, puisque ce pays vaincu avait encore assez de sagesse pour choisir pour relever ses ruines un homme d'une capacité aussi universellement reconnue que M. Thiers. Une réaction se produisit en faveur de la forme républicaine, et ceux qui avaient jeté le cri d'alarme comprirent que le patriotisme devait leur inspirer un respectueux silence.

Ce qui rapprocha la situation politique de notre pays de celle de l'Espagne, c'est que les deux nations ont été tourmentées par des révolutions successives. Un autre point de rapprochement, c'est la division extrême des partis. Si nous voulions bien compter, combien en trouverions-nous en-deçà des Pyrénées? Il y a les bonapartistes, dont un grand nombre se cachent, ne croyant pas l'heure venue de se montrer; les légitimistes, dont les grands-prêtres prêchent dans le désert; les orléanistes, dont les premiers sujets commencent à perdre patience; les républicains modérés, qui ne sont pas nombreux, et les républicains radicaux, qui, malheureusement pour l'univers entier, pullulent dans les grandes villes. Voilà *grosso modo* la division des partis. Mais que de sub-divisions il y a! Que de sectes! Que de nuan-ces! Que de nuances dans les nuances!

Réunissez vingt prêtres, faites-leur rédiger un programme religieux, c'est-à-dire leur doctrine et leurs dogmes, vous êtes sûr de n'en pas rencontrer un qui soit de l'avis d'un de ses collègues. Réunissez vingt concitoyens, faites-leur faire en particulier une profession de foi, et il y a tout à parier que pas une d'entre elles ne ressemblera à celle d'un autre. Voilà, croyons-nous, ce qui fait notre malheur. Le premier journal de l'Angleterre et du monde, le *Times*, comptait dernièrement seize partis en France. Pour arriver à un nombre aussi mesquin, il faut qu'il y ait mis beaucoup de complaisance.

Eh bien! en Espagne il n'y en a pas moins, à l'heure qu'il est. Chaque homme ayant une notoriété quelconque est entouré de quelques fidèles, moins intelligents et moins forts, qui ont l'air de vouloir mettre en pratique cet adage : « Dans le pays des aveugles les borgnes sont rois. » Nous ne disons pas cela pour le señor Léon Gambetta, de Saint-Sébastien. Cet homme, qui a réussi à grouper quelques admirateurs, tient une école politique comme les sages de la Grèce tenaient autrefois une école philosophique.

Il est évident que cette politique est toute personnelle, et qu'elle ne tend qu'à une chose, c'est au bonheur et à la fortune de celui qui l'a inaugurée. Donc, il est pénible de le constater, des deux côtés des Pyrénées nous voyons les esprits affreusement divisés, les opinions variées, les tendances opposées, et, conséquence désastreuse de tout ce chaos, la misère des peuples, ou, ce qui est pis encore, la guerre civile. Les ennemis du roi Amédée ont presque voulu compter les heures de ce qu'ils appelaient dédaigneusement la monarchie italienne! Ils ont cru que ce jeune et courageux monarque vivrait ce que vivent les roses. C'est absolument la même erreur qui a été commise par nos légitimistes, lorsqu'ils disaient que la République, même provisoire, n'avait aucune chance de s'installer en France.

Entre la situation de l'Espagne et la nôtre il y a aussi quelques différences qu'il est bon de constater, pour mettre le public complètement au courant de ce qui se passe au-delà des Pyrénées.

La France compte une armée d'indisciplinés qui ne se courbent devant personne et qui ne respectent rien ; nous savons à quel camp politique ils appartiennent, dans notre malheureux pays. De même en Espagne, l'obéissance aux lois n'est pas, et tant s'en faut, une vertu à l'ordre du jour. Chez nous, cette indiscipline n'agit que dans quelques villes, à Paris, à Lyon, à Marseille, etc. On voit dans les grands centres, à l'heure des révolutions, surgir de dessous terre des légions de filous et de bandits qui, sous prétexte de sauver la liberté menacée, vengent d'anciennes rancunes ou s'enrichissent aux dépens des bourgeois effrayés. En Espagne, il n'en est pas tout à fait ainsi. Une province s'insurge sans pour cela donner le signal aux autres. La Catalogne a beau s'agiter, la Castille ne dit mot. La Castille a beau se révolter, la Murcie ne bouge pas. Aujourd'hui, les deux pays ne se ressemblent pas complètement, sous le rapport de l'indiscipline et de l'insurrection. Le 18 mars s'est fait devant les Prussiens, qui, du haut des collines, contemplaient, contents et railleurs, nos ruines fumantes.

Nous voudrions, au point de vue patriotique, que chaque nation n'eût dans son sein que deux partis, séparés éternellement, les conservateurs et les radicaux, comme en Angleterre, par exemple. On en serait quitte pour une bonne petite guerre civile, au moment où les espérances se heurteraient par trop, et le vainqueur resterait. Nous n'avons pas besoin de dire que, si jamais pareille chose arrive, nous appelons de tous nos vœux la victoire dans le camp des conservateurs. Au besoin, nous nous mêlerions à eux pour soutenir, une arme à la main, les causes saintes de la famille, de la patrie et de la propriété.

Le parti carliste, qui depuis quelque temps fait tant parler de lui, grâce à ces coups de force, à ses révoltes heureusement inutiles, a quelques racines chez les paysans qui, avec la stupidité qui les caractérise, s'imaginent que le Tout-Puissant a décidé, un beau jour, que le trône de toutes les Espagnes devait appartenir à un Carlos quelconque. Ils ne comprennent pas, ces montagnards ignares, que ce que Dieu veut se fait. Qu'ils suivent donc mon raisonnement, il est aussi simple et aussi primitif que leur cœur et leur esprit. Si Dieu voulait réellement que don Carlos fût roi d'Espagne, comme nous croyons à la toute-puissance de Dieu, il est certain que l'élu du Ciel règnerait tranquillement dans son pays. Il ne règne pas, donc il n'est pas l'élu de Dieu. Ils ne comprendront donc jamais, ces pauvres paysans, que Dieu n'a pas dit à un peuple : « Tu auras cet homme pour chef ! » Sous peine d'injustice, Dieu ne pourrait prendre pour représentant ou pour roi qu'un homme vertueux, un saint. Mais, par malheur, il arrive souvent que l'homme le plus vertueux d'un pays, et par conséquent celui qui aurait le droit de « décrocher la timbale », est un pauvre d'esprit. Il est donc impossible que ce soit cet homme-là qui soit chargé des destinées de son peuple.

Voltaire, qui n'était pas un sot, a dit :

Le premier qui fut roi fut un soldat heureux !

Eh bien ! ce vers nous ouvre de vrais horizons. Il nous découvre le secret des choses d'ici-bas.

Que faut-il, en effet, pour qu'un homme soit le premier parmi les siens? Il faut qu'il rende de vrais services aux autres. Il faut qu'il soit utile à quelque chose, et non pas seulement à porter le manteau bleu des rois et à déshonorer les plus charmantes de ses sujettes dans un Parc-aux-Cerfs quelconque.

Nous sommes dans un siècle positif. Il faut donc sauvegarder nos intérêts, et cela se peut sans forfaire à l'honneur. Le peuple qui sait choisir un chef qui peut lui procurer des alliances et éloigner des compétitions dangereuses, ce peuple est un peuple habile et qui mérite de prospérer.

En gardant le roi Amédée, l'Espagne s'attire les sympathies de la France, l'amitié de l'Italie, et ces deux conséquences de son choix nous paraissent assez décisives pour qu'elle y songe.

Nous trouvons dans un ouvrage fort remarquable, qui a été publié sur l'Espagne par un journaliste parisien, M. L. Teste, une appréciation sur le parti carliste, qui mérite d'être citée. Cet écrivain n'est pas suspect; car il n'appartient pas à notre parti politique. Voici ce qu'il dit du parti carliste : « Ce qui rend leurs chances douteuses, c'est premièrement qu'ils manquent de chefs. M. Nocedal, que l'on a surnommé le vice-roi, est, je crois, le seul homme politique du parti. Les autres personnages carlistes vivent depuis longtemps en dehors du mouvement et sont étrangers à la tactique des affaires. Ils ont en Espagne la même situation que les chevau-légers en France. Ce sont d'honnêtes gens (tout le monde n'est pas de cet avis, monsieur Teste), qui ont souffert des persécutions souvent injustes, que leurs ennemis respectent, mais qui ont le tort d'avoir des idées peu pratiques. Un autre obstacle pour eux, c'est qu'ils n'ont pas un parti assez sérieux dans l'armée. »

Nous avons voulu faire ce court extrait d'un livre qui est écrit pour un journal qui est considéré comme le *Moniteur* de l'orléanisme. Nous trouvons dans ces quelques lignes ce

qu'il nous faut pour montrer que le parti carliste, dont les journaux légitimistes annonçaient
chaque jour de nouvelles victoires, n'est pas à
craindre, quant au résultat final; mais nous
ne nous hasarderons pas à dire qu'il n'est pas
dangereux pour le pays.

Certes, nous avons en politique l'habitude
de respecter toutes les opinions qui sont respectables; nous avons aussi l'habitude d'être
logique. C'est précisément pour cela que nous
ne pouvons nous empêcher de comparer les
agissements des carlistes à ceux des communards, et condamner également les crimes des
uns et des autres.

Il y a quelques mois, lorsque l'insurrection
carliste semblait vouloir prendre des proportions sérieuses, les journaux du parti clérical et
légitimiste publiaient tous les matins des bulle-
tins plus mensongers les uns que les autres On
aurait dit qu'ils étaient rédigés par le général
Eudes, qui fut si souvent vainqueur des troupes
de Versailles... sur le papier du moins. Nous
avons vu alors jusqu'où la passion politique
pouvait entraîner des écrivains. Nous avons vu
excuser la force brutale, le coup à main armée,

l'insurrection permanente, la révolte, et par qui, par ceux qui s'intitulent les défenseurs du parti de l'ordre! N'était-ce pas une dérision? Le mensonge ne leur suffisait pas, à ces journalistes, il leur fallait encore l'apothéose du crime. Nous pensons autrement, nous autres, et quand un révolté porte le trouble dans son pays, qu'il s'appelle don Carlos ou Félix Pyat, à nos yeux c'est un criminel qui mérite un châtiment.

Don Carlos veut régner à tout prix. Que lui importent le sang et la vie de quelques partisans? Ce qu'il lui faut, c'est la couronne. Mais ce mendiant d'élite peut se rassurer, l'Espagne ne peut pas lui donner aujourd'hui!

Le parti carliste est divisé en deux fractions, naturellement. Il y a les carlistes libéraux, qu'un fil sépare des carlistes qui ne le sont pas. Le carlisme compte beaucoup de nobles dans son sein. On comprend parfaitement que les vieilles familles d'Espagne, qui sont, d'après une expression vulgaire, mais juste, habituées à tenir la queue de la poële, soient souverainement hostiles à un régime démocratique, qui ne veut, comme celui du gouvernement du roi Amédée, d'autres priviléges que le talent, le mérite et les services rendus.

Une autre partie de la noblesse, mais pas bien nombreuse celle-là, est attachée à la reine proscrite, à Isabelle. Cette souveraine supporte assez patiemment les souffrances de l'exil. Elle comprend très-bien qu'il vaut mieux une cour et un palais en plein Paris, que les malédictions de son peuple. Elle paraît n'en pas trop vouloir à la Providence de ses rigueurs, et son visage porte toujours les traces de cette satisfaction intérieure qui indique, sinon une conscience pure, du moins un excellent caractère.

Les gentilshommes espagnols, qui se sont rangés sous le drapeau proscrit d'Isabelle, espèrent que l'Infant Alphonse règnera, et que jusqu'à la majorité du prince, le duc de Montpensier sera régent. Les isabellistes et les montpensiéristes sont séparés par quelque nuance : tel le parti du Prince Impérial de France et celui du Prince Napoléon. Le comte de Torreno et le marquis de Barzanalla sont les principaux chefs de ces deux partis réunis.

Le parti républicain, en Espagne, ressemble un peu au même parti en France. Il manque de chefs autorisés. Chez nous, tous ceux qui pouvaient représenter l'idée républicaine et en servir avantageusement la cause, se sont usés au pouvoir. Ainsi, prenons le plus illustre par le talent, Jules Favre. En voilà un qui semblait prédestiné à devenir président de la République, si jamais la République s'installait dans notre pays : Eh bien! c'est M. Thiers qui le supplante. Il est vrai que nous ne saurions nous en plaindre. M. Jules Favre a eu ses heures de popularité. Il fut un temps où sa parole ardente et amère était écoutée religieusement par tout ce que la France comptait de républicains. Il fut un temps où Gambetta lui-même, celui que M. Edouard Portalis appelait pompeusement le prétendant de la démocratie, se courbait respectueusement devant celui qui devait aller à Ferrières, et se faisait un honneur d'accepter ses conseils. Jules Favre, comme bien d'autres politiques ambitieux, a bientôt appris que la roche Tarpéienne n'était pas loin du Capitole, et personne n'a été précipité dans l'abîme avec plus d'éclat. Ernest Picard fut aussi un de ceux qui, par le talent et l'esprit, se maintiennent aux premiers rangs d'un parti.

Mais le temps, qui est un grand maître, nous a fait connaître tout ce qu'il y avait d'égoïsme et d'orgueil chez le futur ambassadeur. Jules Ferry, se sentant impossible en France, a aussi demandé sa petite sinécure. Il est parti pour Athènes, et là il étudie sur les lieux les Sages de la Grèce, pendant que ses électeurs voguent pour la Nouvelle-Calédonie. Et les trois hommes que nous venons de citer sont encore les plus heureux. Nous ne parlerons plus de l'infâme Duportal, de l'ignoble Rochefort, ni de tous les communards qui ont été récompensés à Satory ou à Nouméa de leurs sanglantes aspirations. Ceux-là étaient aussi des républicains ; mais Dieu garde l'Espagne d'une espèce aussi malsaine et aussi dangereuse que celle-là !

L'Espagne compte bien aussi son parti socialiste ; mais il n'est pas plus à craindre que Garrido, son chef. Les gens qui le composent se contenteraient fort bien d'une monarchie qui leur donnerait l'*aurea mediocritas* dont parle le poète latin. Ils ressemblent, enfin, à tous leurs coreligionnaires politiques de l'univers entier, qui demandent des institutions qui les enrichissent et des lois qui les épargnent. Tout le socialisme est là. Quant au côté philosophique de cette doctrine, il est toujours incompris des partageux de toutes les nations, de ces va-nu-pieds qui surgissent les jours d'émeute et sortent le drapeau rouge, emblême de leurs sanguinaires instincts. Si le parti socialiste, en Espagne, avait autant d'hommes capables et instruits qu'il en compte en France — où tout le monde veut faire un peu de socialisme — il n'y aurait qu'à adopter contre lui le système que patronait à la tribune française l'honorable député du Gers, M. Batbie, un gouvernement de combat. C'est le seul moyen d'empêcher ces dangereux citoyens de se livrer à leurs projets sinistres. Un seul exemple donnera une idée des débordements auxquels se livrerait en Espagne un tel parti, s'il n'était pas étouffé par la force : on a vu à Madrid des affiches roses adressées aux *travailleurs* par les présidents de la section de l'Internationale de la ville, et qui les convoquaient le plus simplement du monde à fêter l'anniversaire du glorieux 18 mars. Voilà où ils en sont. Fêter le retour de ce que Paul de Saint-Victor a appelé *l'orgie rouge*, voilà ce qu'ils désirent.

Il n'est pas besoin d'ajouter que le parti socialiste donne la main à l'Internationale. Si le socialisme date de Lycurgue, en passant par Mandrin, pour arriver à Vermech, l'Internationale, bien qu'elle ait vécu auparavant juste le temps nécessaire pour en faire les préparatifs, l'Internationale, disons-nous, date du 18 mars. C'est la première bataille qu'elle a gagnée sur la société. Elle en gagnera d'autres, pensent ses principaux chefs. Ils prétendent même que les chimistes seuls sont à portée de les comprendre.

Peut-être, d'ici là, les honnêtes gens formeront-ils une ligue assez nombreuse et assez puissante pour étouffer ces serpents. Malheureusement, ceux qui ont le droit, la probité, l'honnêteté pour eux, n'ont pas l'audace. Ils semblent reculer devant le rôle de justiciers et redouter la mission qui leur incombe. Pourtant, c'est une noble tâche à remplir que celle de délivrer l'humanité de tous ces monstres, étrangers à toutes les lois divines et humaines, et qui embrassent la carrière du crime avec un véritable enthousiasme. Un peu de courage, ou sinon l'avenir est à ces bêtes malfaisantes.

Ce qui nous indigne le plus en notre qualité de Français, c'est de voir que l'Internationale soit dirigée par un Prussien, et que jusqu'ici la France seule ait été victime de cette abominable bande. Certes, ce n'est pas que nous désirions pour les autres nations des périls aussi grands ; mais il est temps de comprendre que c'est à la France surtout que s'attaquent ces malfaiteurs, et que c'est contre notre patrie qu'ils déploient toutes leurs forces.

L'Angleterre a aussi beaucoup de ses enfants à la tête de l'Internationale ; mais, comme la Prusse, elle n'a jamais souffert de ses agissements.

Ne dirait-on pas que tous ces ignobles sujets, qui se rangent sous les drapeaux de Carl Marx, sont lancés comme une meute contre la France seule ? Ne dirait-on pas que sous ces dehors d'émancipation populaire se cache le plus honteux trafic, — et pour les Français affiliés la plus noire des trahisons ?

Nous trouvons en Espagne, après le parti socialiste, qui est, nous l'avons montré, le frère utérin de l'Internationale, nous trouvons le parti des républicains fédéraux qui sont les partisans de la réorganisation des anciennes provinces, et de leur fédération en Etats-Unis. Ces citoyens, qui ont à leur tête l'orateur Castelar, Figueras et P. y Margall, sont comme tant d'utopistes français : ils tournent les yeux vers les Etats-Unis d'Amérique et vers la Suisse, et c'est dans ces deux pays fortunés qu'ils vont chercher le gouvernement de leurs rêves. Nous n'avons pas mal de compatriotes qui ont ici caressé cette chimère que la France pouvait être organisée à la façon des Etats-Unis et gouvernée à l'instar de la Suisse. Mais une forme de gouvernement peut être admirable pour une nation et détestable pour une autre. Voilà ce que ne comprendront jamais les Gambetta, les Naquet, les Castelar et les Figueras. Les Espagnols sont de la même race que les Français : ils sont braves et fiers; mais ils n'ont pas l'esprit d'obéissance poussé trop loin. Il leur en faut peu, sinon pour se révolter, du moins pour murmurer, et il faut pour étouffer les murmures et au besoin pour réprimer ces révoltes, il faut une main forte et respectée. Pourquoi un peuple est-il monarchique, et pourquoi un autre est-il républicain? Cela ne s'explique pas facilement, mais cela se sent bien.

En France, particulièrement, nous avons vu à l'œuvre trois républiques. Il n'y en a qu'une qui n'ait pas trop effrayé les honnêtes gens, c'est celle de 1872 et 1873, et pourquoi? parce que le gouvernement qui nous régit aujourd'hui n'a de la république que l'étiquette. Aussi, les républicains de l'avant-veille et de la veille ne veulent pas de ce qu'ils appellent la monarchie Thiers. Ils voudraient qu'un Duportal quelconque sonnât l'heure de la curée et dépecer ce qui reste de la pauvre patrie mutilée et vaincue. Ils sont intelligents, après tout, ces républicains-là. Ils se disent que les occasions sont rares et qu'il est ridicule de les laisser passer. Ils se disent encore que le jour où la loi aura le dessus et où les honnêtes gens domineront, il faudra prendre garde aux gendarmes. A leurs yeux, l'avantage des républiques sur les monarchies, c'est d'avoir moins de gendarmes et de sergents de ville. Voilà pourquoi il y a eu des protestations radicales dans toutes les villes où la police a été réorganisée.

Il y a entre le parti radical français et le parti radical espagnol une différence assez notable dans l'exécution du programme. En

France, les radicaux veulent la République une et indivisible. En Espagne ils se contenteraient de la République fédéraliste. Cela tient à ce que les provinces espagnoles ont des usages et des mœurs qui diffèrent sensiblement. Quoi qu'il en soit, en Espagne comme en France, le paysan a une confiance fort limitée dans l'avenir de la République. Tous les travailleurs de terre, tous les paysans qui vivent au grand soleil et qui gagnent leur pain à la sueur de leur front, savent que, pour écouler leurs produits sur les marchés voisins, il leur suffit d'avoir un peu d'ordre, et ils aiment qui peut leur procurer cette sécurité qui fait, sinon leur fortune, du moins leur aisance. Ils n'ont pas l'ambition de vivre sans rien faire, et la seule liberté qu'ils demandent et dont ils abusent sans violer la loi, c'est la liberté du travail. Nous voudrions en dire autant des ouvriers des villes.

Ainsi donc, en Espagne, le parti républicain manque de partisans. Il ne tardera pas à abdiquer le jour où on le forcera à reconnaître qu'il est complètement impuissant. De plus, il manque de chefs. Pour qu'un parti triomphe, il faut qu'il ait un noyau d'hommes assez consi dérables pour former un gouvernement capable de faire au moins oublier le précédent. Le parti républicain n'est d'ailleurs pas fort bien com- posé. Il compte dans ses rangs des foules de déclassés, de maltôtiers, de chenapans, de for- bans de toute espèce, qui rêvent le gouverne- ment idéal qui fera passer l'or de la poche de leurs voisins dans la leur. Ces gens-là sont loin de cacher leur jeu. Il est vrai qu'il y a quelques exceptions honorables, mais elles ne servent qu'à justifier la règle. Un républicain espagnol, un Mécène politique, M. Roque Barcia, a dé- pensé une grande partie de sa fortune, qui est immense, au service de sa cause. Eh bien! cet homme loyal, qui croyait fermement à la né- cessité de la forme politique qu'il avait choisie pour son pays; ce citoyen convaincu, qui ne se contentait pas de prêcher la doctrine démo- cratique, s'est un jour dégoûté des tendances ignobles que son entourage manifestait, et il a fait annoncer dans toutes les rues de Madrid, par des affiches fort remarquées, qu'il rentrait dans la vie privée. Il ajoutait que, pour rien au monde, il ne voudrait voir désormais son parti arriver au pouvoir, car ce serait le dernier coup porté à l'Espagne.

Voilà un trait qui peut donner une idée juste des aspirations de certains politiques. Il est superflu d'ajouter que ces farceurs sinistres qui ont réussi à éloigner de leur cause un honnête homme, appartiennent à l'Internationale, la société de l'avenir.

Nous avons parlé maintenant de tous les partis qui ont quelque importance; nous terminerons ce résumé en parlant des progressistes qui sont sur le véritable chemin de la liberté et de la gloire de l'Espagne. Il n'y a pas à dire, au XIXe siècle il faut renoncer aux traditions du moyen-âge que portent dans leur cœur tant d'hommes inconscients. Autres temps, autres mœurs, a-t-on dit. Nous dirons : Autres temps, autres princes.

Les progressistes, qui ont à leur tête MM. Sagasta, Romero Robledo et Candau, sont en ce moment au pouvoir. Ils ont compris, avec une grande majorité de la population espagnole, que le temps des rois qui ne règnent que pour assurer les priviléges de la noblesse était passé, et c'est pour cela qu'ils combattent avec une énergie digne de tous les succès pour la cause du roi Amédée.

MM. Zorilla, Montero Rios et Rivero, qui étaient radicaux, ont abandonné cette chimère, qui consiste à croire que l'Espagne pourra jamais devenir une république. Ils savent bien que ce moment ne viendra pas, quelque désiré qu'il soit par les gens sans aveu et par les déclassés.

En acceptant une monarchie qui peut faire le bonheur de l'Espagne, ils ont montré un bon sens que nous voudrions bien rencontrer chez les aimables républicains qui aspirent à nous diriger. Mais, hélas! dans notre pays, le patriotisme manque : il est livré tout entier à l'Internationale, qui semble avoir pour mission de détruire de fond en comble tous les gouvernements d'ordre, en commençant par ceux que pourrait avoir la France.

Cette conversion des radicaux espagnols n'a pas de quoi surprendre : d'abord, il est évident que l'homme absurde, en politique, est celui qui ne change jamais. D'un autre côté, les carlistes auraient fort mauvaise grâce à reprocher à Martos et à Rivero d'avoir été républicains de la plus belle nuance, puisque Nocedal, leur chef avoué, a passé comme eux par ce chemin de Damas.

Nous comprenons, d'ailleurs, et fort bien, qu'on soit séduit par l'idée républicaine, surtout lorsqu'en la développant on arrive à conclure qu'elle peut former le gouvernement idéal des peuples; mais ce qui ne nous étonne pas, c'est que certains hommes, pleins de bonne volonté aux débuts, se trouvent bientôt désillusionnés lorsqu'ils ont fait un essai loyal de cette forme gouvernementale.

C'est aux progressistes que revient l'honneur d'avoir choisi le roi Amédée, qui apporte en Espagne des idées dont on ne peut pas ne pas reconnaître la valeur. Oui, il faut qu'on le sache bien, nous ne sommes plus au temps où il suffisait à un roi d'avoir une cour affolée de fêtes et de luxe, un apparat merveilleux, une suite de grands et de dames merveilleusement parées. Les peuples se sont lassés d'entretenir ces splendeurs, pendant que la misère la plus affreuse les décimait chaque jour. Il faut que le principe monarchique reste, qu'un homme, qui n'est pas à la merci d'un caprice populaire, reste pour maintenir la nation dans les limites du droit; mais il n'est pas nécessaire que le revenu de plusieurs provinces s'engouffre dans son palais et contribue à payer les courtisans et à rétribuer les favorites.

Nous appelons de tout notre cœur toutes sortes de prospérités sur la tête du vaillant Amédée, de ce prince dont de pénibles circonstances nous ont si bien permis d'apprécier la vaillance, de cet homme qui doit ramener l'Espagne au repos et à la gloire. Toutes nos sympathies sont acquises à la cause du fils de Victor-Emmanuel, parce qu'il appartient à une famille où le patriotisme est admirable. Ce que le père a fait pour l'Italie, aujourd'hui grande et puissante, le fils le fera pour l'Espagne. Nous sommes pour les rois démocrates, pour ceux qui descendent de l'Olympe pour se mêler à leurs sujets, et qui viennent s'enquérir des souffrances et des besoins des peuples que la Providence leur a confiés.

Certes, le roi Amédée a montré assez souvent qu'il ne voulait pas s'imposer à l'Espagne; aussi les populations ont compris tout ce qu'il y avait de désintéressement dans le cœur de ce prince, et elles l'ont salué avec un enthousiasme que n'a pas partagé une certaine partie de la noblesse, ce qui est une garantie véritable. Les grands d'Espagne, les gentilshommes de haute naissance ont vu avec peine qu'on allait s'occuper des intérêts de la foule, et qu'au lieu d'augmenter le nombre de leurs priviléges, on les restreindrait chaque jour.

Ils se sont révoltés à cette idée. Quoi! le roi Amédée ose toucher à leurs seigneuries! Quoi! ce prince ose s'occuper des gens de rien! Et voilà pourquoi, foulant aux pieds tout patriotisme, ils se sont rangés sous des drapeaux presque honteux, et, sous la conduite d'un prétendant acharné, ils se font battre dans toutes les occasions.

FIN.

Au moment où l'imprimeur mettait la dernière main à cette brochure, une triste nouvelle nous est tout à coup parvenue.

Le roi d'Espagne, Amédée Ier, fatigué des luttes perpétuelles dont ce pauvre pays était le théâtre, abdiquait le sceptre entre les mains des Cortès.

Les termes du message du noble souverain ont été admirés par tous ceux qui sont à même de comprendre le patriotisme et le désintéressement, et ce document restera comme une preuve de toutes les grandes choses dont était capable le fils glorieux de Victor-Emmanuel.

Nous ne pouvons renoncer au plaisir de citer ces sublimes paroles qui, nous le croyons bien sincèrement, ne seront pas comprises de cette malheureuse nation, livrée désormais aux ambitions des carlistes et des nouvelles couches sociales :

« C'est un grand honneur, a dit le roi en abdiquant, c'est un grand honneur de régir les destinées de ce pays, quoiqu'il soit profondément troublé.

« J'étais décidé à tenir mon serment et à

observer le respect que je dois à la Constitu-
tion, croyant que ma loyauté suppléerait à
mon inexpérience. Mon bon désir me trom-
pait; car l'Espagne vit en lutte continuelle. Si
mes ennemis étaient étrangers, je n'abdique-
rais pas; mais ils sont espagnols. Je crois tous
mes efforts stériles. Je renonce donc à la couronne pour moi, pour mes fils et successeurs. »

Voilà les termes dont s'est servi l'un des
souverains les plus sympathiques de l'Europe.
Il quitte l'Espagne quelques jours après l'ac-
couchement de la reine, préférant l'auréole du
proscrit au prestige du tyran.

Une grande partie de nos espérances s'éva-
nouit. Quand nous avons écrit les *Trois
alliées*, c'était avec la conviction profonde que
les Espagnols comprendraient un peu mieux
leurs intérêts. Dieu ne l'a pas voulu ainsi.

Et maintenant, que promet la situation ! !

Qui sait? Au fond de son palais, l'empereur
d'Allemagne songe déjà à reconstituer l'empire de Charles-Quint. Les récents succès de
sa politique et de ses armes ne lui permettent-
ils pas de marcher au gré de son orgueil? *Quo
non ascendam?* Voilà sa devise.

Nous sommes de ceux qui, malgré toutes ces menaces, ne désespèrent pas. Quoi qu'il en soit, nous envoyons à Amédée, roi d'Espagne, l'expression de notre admiration la plus sincère, et nous regrettons que l'Espagne n'ait pas compris que les rois qui s'en vont volontairement sont les plus dignes de rester.